DES SURVIVANTS OBSTINÉS

ACHILLE BAPOLISI
ERIC KWAKYA

DES SURVIVANTS OBSTINÉS
Panser les traumas de la guerre au Congo-Kinshasa pour aujourd'hui et demain

CONVERSATIONS CONGOLAISES
Congo Lobi Lelo (CLL)

CONVERSATIONS CONGOLAISES
La collection *Conversations Congolaises* a pour ambition de proposer et de partager les idées que les congolais produisent et mettent en œuvre pour remettre les cerveaux à l'endroit, reconquérir notre dignité et nos terres, guérir les blessures et les traumas de la guerre, et réinventer le Congo-Kinshasa.

CONGO LOBI LELO
Congo Lobi Lelo est une plateforme d'édition initiée en 2015, par le mouvement #ingeta et développée par le mouvement Likambo Ya Mabele, pour contribuer à la réinvention du Congo et de l'Afrique à travers les savoirs, les expériences et les idées partagés. Notre objectif est triple :
1. Produire et proposer des idées et des expériences pour résoudre les problèmes auxquels les congolais et les africains font face aujourd'hui
2. Promouvoir et diffuser l'intelligence congolaise et africaine à tous les niveaux
3. Développer une communauté autour de la refondation du Congo et des relations entre africains

Si vous souhaitez mieux connaître la plateforme d'édition Congo Lobi Lelo, il vous suffit de visiter notre site : www.congolobilelo.com

Direction éditoriale : Esimba Ifonge

ISBN: 978-2-9565630-7-5
© Ifonge/Congo Lobi Lelo, 2021.

Le droit à la réparation demeure. Et il est une créance infinie sur l'humanité toute entière. Cette créance nous oblige et nous conduit à nous demander qui répare qui... Nous réparons parce que nous nous sommes donné les moyens d'aimer la vie et de vivre la vie, parce que nous disons que nous avons sublimé le malheur suprême, le malheur total, le malheur absolu. Nous sommes des survivants obstinés...
CHRISTIANE TAUBIRA, LES ATELIERS DE LA PENSÉE 2019

AVANT-PROPOS
La grenouille chauffée, les congolais & la guerre permanente

C'est un récit qui interpelle. « Imaginez une marmite remplie d'eau froide dans laquelle nage tranquillement une grenouille. Le feu est allumé sous la marmite, l'eau chauffe doucement. Elle est bientôt tiède. La grenouille trouve cela plutôt agréable et continue de nager. La température continue de grimper. L'eau est maintenant chaude. C'est un peu plus que n'apprécie la grenouille, ça la fatigue un peu, mais elle ne s'affole pas pour autant. L'eau est cette fois vraiment chaude ; la grenouille commence à trouver cela désagréable, mais elle s'est affaiblie, alors elle supporte et ne fait rien. La température continue de monter, jusqu'au moment où la grenouille va tout simplement finir par cuire et mourir. Si la même grenouille avait été plongée directement dans l'eau à 50 degrés, elle aurait immédiatement donné le coup de patte adéquat qui l'aurait éjectée aussitôt de la marmite. »

Une escroquerie dénommée notre jeune démocratie

Cette histoire de la grenouille chauffée n'est pas sans rappeler la situation en République démocratique du Congo où une guerre de basse intensité est orchestrée par les élites anglo-saxonnes depuis plus de deux décennies. Cette

" Tout comme la marmite n'est pas le milieu naturel pour la grenouille, le Congo-Kinshasa, dans ce contexte de guerre permanente, n'est pas l'environnement naturel des congolais. Nous en sommes simplement des survivants obstinés.

guerre a contribué au fait que l'Etat congolais, déstructuré militairement, politiquement, économiquement et socialement, n'est plus en mesure de répondre aux besoins et attentes légitimes des congolais. Pire, elle a vidé les institutions congolaises de tout contenu. Ce qui fait que le République Démocratique du Congo apparaît comme un Etat téléguidé de l'extérieur.

Dans un article publié sur ingeta.com et titré «Une escroquerie dénommée notre jeune démocratie au cœur de l'Afrique»[1], l'abbé Jean-Pierre Mbelu explique que « Le qualificatif 'démocratique' est utilisé au cours de 'la guerre par morceaux' imposée aux Congolais(es) par plusieurs 'associations de malfaiteurs', membres du 'réseau d'élite de prédation' opérant dans la sous-région des Grands Lacs africains pour couvrir leur caractère d'instruments de néocolonisation de cette partie de l'Afrique. »

Les massacres et les disparitions des congolais, les déplacés par millions à l'intérieur du pays, la paupérisation et l'abrutissement des populations, l'effondrement de nos institutions et que nous constatons depuis la fin des années 1990 ne sont pas des soubresauts de la «jeune démocratie» congolaise. De nombreux documents, dont des rapports des Nations Unies, accusent et attestent cet état de fait. C'est notamment le cas, du rapport dit Mapping.

Publié le 1er octobre 2010, le rapport du Projet Mapping, du Haut-Commissariat des Nations Unies aux droits de l'homme, dresse l'inventaire des violations les plus graves des droits de l'homme et du droit international humanitaire commises entre mars 1993 et juin 2003 sur le territoire de la République démocratique du Congo. Au-delà des 617 incidents les plus graves survenus dans tout le Congo et des détails fournis sur des cas graves de massacres, de violence sexuelle et autres exactions commises, le rapport Mapping nous rappelle que les congolais sont, effectivement, dans la marmite de cette histoire de la grenouille chauffée.

---

[1] Jean-Pierre Mbelu, « Une escroquerie dénommée notre jeune démocratie au cœur de l'Afrique », Ingeta.com, 21 décembre 2016.

Le prix de la survivance

Tout comme la marmite n'est pas le milieu naturel pour la grenouille, le Congo-Kinshasa, dans ce contexte de guerre permanente, n'est pas l'environnement naturel des congolais. Nous en sommes simplement des survivants obstinés.

Cette survivance a un prix. Humain, notamment. Et ce prix que les congolais paient par le moyen de leurs vies est trop élevé.

À la suite de la série de webinaires autour du rapport mapping, organisée par la plate-forme Conscience Congolaise pour la paix (KoPax) à l'automne 2020, il s'agit, à travers ce livre, «Des survivants obstinés», d'une part, d'explorer, de décrypter et d'évaluer les conséquences du génocide et des processus de destruction et de néantisation des congolais sur les survivants et leur santé mentale et d'autre part, d'esquisser des pistes de solution pouvant permettre un redressement individuel et collectif. Cela est essentiel pour remettre les cerveaux à l'endroit, reconquérir notre dignité et réinventer le Congo-Kinshasa.

Parce que si nous vous disons, d'entrée, que le Congo est un Etat raté et manqué, et que depuis l'invasion de l'AFDL (L'Alliance des forces démocratiques pour la libération du Congo), nous sommes dans un faux processus politique, et que les faits vous le montrent tous les jours : Est-ce que vous continuerez suivre les déclarations des institutions et de ceux qui prétendent diriger le Congo et entretenir le statu quo? Si nous vous disons d'entrée que les élites occidentales orchestrent le pillage du Congo, l'appauvrissement des congolais, l'affaiblissement des institutions congolaises et la destruction des vies congolaises, est-ce que vous serez encore disposé(e) à consommer leurs idées et soutenir leurs actions au Congo?

Faut-il attendre de se brûler pour saisir ce qu'il nous arrive ? Ne doit-on pas être en capacité de questionner le système politique et le type d'Etat dans lesquels nous sommes immergés ? Quand le ciel est bleu, et que certains vous disent, non le ciel est jaune, est-ce que vous continuerez à accorder votre confiance à ces personnes qui nient la réalité ? C'est pourtant ce que nous vivons, et ce système politique, ce non-Etat et ces élites occidentales qui nous brûlent à petit feu, nous avons pourtant, plus ou moins inconsciemment tendance à les accepter, à les supporter, alors qu'ils vont nous détruire. Voilà pourquoi nous devons éviter de nous comporter comme cette grenouille dont le récit est un avertissement à ne pas négliger.

Dans une interview accordée au magazine Rolling Stone, le journaliste et auteur afro-américain Ta-Nehisi Coates déclarait que sa « responsabilité en tant qu'auteur consiste à faire savoir aux autres noirs qu'ils ne sont pas fous ». Ce livre a pour ambition, entre autres, de faire savoir aux autres congolais qu'ils ne sont pas fous, même si le pays est malade.

Esimba Ifonge

ACHILLE BAPOLISI

ENTRETIEN AVEC ACHILLE BAPOLISI
Aider à soigner la société

Achille Bapolisi est Médecin Psychiatre à l'Hôpital Provincial de Référence de Bukavu, au Congo-Kinshasa depuis septembre 2018. Titulaire d'un Master en psychopharmacologie de l'institut d'Education en Neurosciences et un Master en traumatologie psychique de l'Université d'Harvard (obtenus en 2018), il est également maitre de conférences à l'université catholique de Bukavu.

LE BLESSÉ SOIGNANT

CLL : En 2018, lors de la rentrée académique de l'université catholique de Louvain, en Belgique, vous avez rappelé, à l'occasion de votre partage d'expérience que votre histoire de vie a fait que vous soyez né dans un des endroits les plus meurtris de la planète où il est difficile de dire pourquoi vous êtes vivant aujourd'hui et pourquoi d'autres sont morts. En quoi ce questionnement a-t-il contribué à faire de vous un psychiatre ? Quel a été votre cheminement personnel et intellectuel pour en arriver là où vous êtes aujourd'hui ?

Achille Bapolisi : En effet, après avoir vécu ce que j'ai eu à vivre depuis mon enfance, je ne peux pas prendre la vie comme un acquis. J'avais à peine 10 ans quand la guerre a commencé dans ma ville, Bukavu. Depuis lors, on n'a vraiment pas connu de périodes de stabilité sécuritaire. Ma famille, comme beaucoup d'autres, a été l'objet d'attaques par des personnes armées. J'ai grandi en étant quotidiennement témoin des récits d'assassinats, de massacres; j'en ai par moment été témoin oculaire.

Du jour au lendemain, des personnes disparaissaient, des personnes, par moment, très proches. Avec une telle expérience, on se considère toujours comme un survivant, un rescapé. On ne sait pas pourquoi on est celui qui a survécu. Et cette vie, ou cette survie prend une dimension particulière, comme une réponse à toutes ces atrocités. Je pense que devenir psychiatre a eu comme moteur principal cette expérience toute particulière. Je me suis toujours identifié dans l'expression anglaise «the wounded-healer»(le blessé soignant). Après, j'ai avancé dans la vie en prenant tous les outils scientifiques et cliniques pouvant m'aider à mieux répondre à cette expérience.

Enseignant, vous êtes maître de conférences à l'université catholique de Bukavu. Au-delà des savoirs académiques, que cherchez-vous ou que voulez-vous transmettre aux étudiants qui vivent dans un pays et une région marquée par une guerre et une barbarie qui n'en finit plus ?

Au-delà, du caractère scientifique, ce que j'espère pouvoir transmettre à mes étudiants, c'est surtout la prise de conscience, la perception de notre humanité. Oui, de l'humanité en nous, en chacun des êtres humains. Cette humanité avec tout ce qu'elle implique en termes de dignité, de respect et de sacralité. Dans des circonstances des guerres et des conflits armés, avec la précarité socio-économique, dans une société de la consommation et du profit à tout prix, et une science évoluant trop rapidement, cette humanité est souvent oubliée, négligée, niée. S'il y a une chose que j'aimerais transmettre à mes étudiants, c'est bel et bien cette prise de conscience, cette valorisation de notre humanité.

Titulaire d'un Master en psychopharmacologie de l'institut d'Education en Neurosciences et un Master en traumatologie psychique de l'Université d'Harvard, vous poursuivez, en tant qu'universitaire, le travail de recherche. Quels sont vos domaines de recherche et quels sont vos ambitions à ce niveau ?

Bien entendu, au regard de ma petite histoire, je me focalise, en termes de recherche, sur le trauma dans des populations défavorisées et les contextes de conflits. Actuellement, par exemple, ma thèse porte sur les aspects psychologiques (régulation des émotions), physiologiques (les réactions cardiovasculaires) et sociaux (support social) associés au trauma dans la ville de Bukavu.

L'objectif général de ce travail est d'avoir une perspective plus globale nous permettant de mieux cerner les facteurs de vulnérabilité et de résilience face aux événements traumatiques.

> L'issue après un trauma dépend finalement d'une balance, la balance entre les facteurs de vulnérabilité et de résilience. Si les facteurs de résilience l'emportent, le patient peut se reconstruire, autrement, ce n'est pas très évident.

Vous travaillez à l'Hôpital Provincial Général de Bukavu. Quel rôle joue cet hôpital dans la formation et la clinique en santé mentale dans la région du Sud-Kivu ?

L'Hôpital Provincial Général de Bukavu est un hôpital qui a une vocation sociale (être accessible à toute la population sans discrimination aucune) et universitaire (assurer la formation des étudiants et des médecins). Dans cette double perspective, face aux problèmes mentaux qui deviennent de plus en plus fréquents à l'échelle mondiale et encore plus dans des zones de conflit, la santé mentale s'impose de plus en plus comme composante du paquet de soins dans un hôpital général. Il faut pourtant dire que cette vision bute à des barrières de soins, au niveau individuel et collectif, telles que la stigmatisation, la précarité économique, les explications alternatives des troubles mentaux...

Mais l'Hôpital Provincial Général de Référence de Bukavu est en train de relever le défi d'intégrer le service de psychiatrie dans son staff multidisciplinaire.

Comment percevez-vous votre rôle et votre place de psychiatre dans la société congolaise aujourd'hui ?

Les quelques années de pratique de la psychiatrie m'ont beaucoup rempli d'humilité et de prudence. Je ne crois pas, je ne crois plus au héros en blouse blanche qui guérit les corps et les âmes à coup des techniques thérapeutiques. Non pas que je rejette l'efficacité de la psychiatrie, elle est aujourd'hui une des branches de la médecine de plus déterminantes et de plus prometteuses et j'ai eu la chance d'apprendre auprès de très bons maîtres dans différents contextes.

Mais aujourd'hui, je me vois comme un témoin privilégié de l'histoire individuelle de chacun de mes patients et de l'histoire collective de tout le peuple congolais. Cette histoire, c'est une histoire faite de drames, de souffrances, de traumas, mais aussi, de courage, d'amour et de réconciliation, de résilience et de guérison. Au fond, mon rôle est d'accompagner les gens dans leur cheminement.

COMPRENDRE LE TRAUMA COLLECTIF

Votre pratique clinique à Bukavu, vous a poussé à travailler sur le trauma collectif. Qu'est-ce que le trauma collectif, pouvez-vous nous définir ce concept ? Et pourquoi est-il si prégnant à Bukavu ?

En effet, travailler et vivre dans mon pays m'a vite fait réaliser que ce trauma ne concernait pas seulement des individus pris isolément, mais aussi des communautés entières. J'observais des changements bien évidents dans la société. A titre d'exemple, une augmentation de la violence civile, de l'alcoolisme, une apathie générale. C'est ainsi que mon attention a commencé à être attirée par cet aspect de «trauma collectif».

De façon simple, un trauma collectif est un trauma qui affecte une communauté soit au niveau d'un groupe identitaire (tribu, race, ethnie,...) ou de la société. Comprendre le trauma collectif dans une population aide un peu à expliquer ces phénomènes de société qui contribuent au cercle vicieux de l'insécurité et de la pauvreté. Ceci nous aiderait à soigner cette société.

Comment distinguez-vous ces traumas collectifs, à la différence d'une angoisse collective par exemple. Quels sont les marqueurs qui permettent de diagnostiquer les traumas collectifs dans la population congolaise ?

De façon très sommaire, on a, en effet, identifié des marqueurs qui nous permettent d'identifier un trauma collectif. Ces marqueurs sont de trois ordres: Les narrations collectives, les émotions collectives et les modèles comportementaux collectifs. Les narrations collectives tournent autour des thèmes tels que le deuil, le désespoir, la victimisation, la culpabilité et la honte. Les émotions collectives sont la colère, la peur, la tristesse, l'apathie. Les modèles mentaux collectifs peuvent se présenter sous formes d'idéologie, des préjugés, des vérités. Quand on observe et on écoute une bonne partie de notre population, on se rend vite compte qu'elle est caractérisée par la présence de ces marqueurs.

Pourquoi estimez-vous que le Congo-Kinshasa a tous les signes du trauma collectif?
Comment peut-il en être autrement? Non seulement nous avons, à tous les niveaux de la société, tous ces marqueurs que je viens de décrire mais aussi nous sommes en train de vivre des conflits armés et des massacres des populations entières. C'est par millions qu'on compte les morts au Congo. A ceci, il faut ajouter un antécédent trop lourd de despotisme politique, précédé de la colonisation la plus sanguinaire et acculturante de l'histoire, qui est elle-même précédée des années d'esclavage et de traite négrière. Comment peut-il en être différemment? Surtout quand un silence profond entoure cette lourde histoire.

Quand on a vécu un traumatisme, non seulement notre mémoire est déchirée, mais nous avons aussi une représentation de nous-mêmes qui devient déchirée. Quels sont les symptômes et les manifestations de ces déchirements au sein des populations congolaises qui doivent vivre avec ces massacres qui continuent et ces vies qui sont arrachées en permanence?
Oui, la notion de la mémoire collective et le trauma collectif sont intimement liés. On sait maintenant que nous partageons une mémoire collective, parfois transmise de façon inconsciente de génération en génération. D'ailleurs, c'est ainsi qu'on peut rendre compte du trauma transgénérationnel, ce trauma expérimenté par une génération dont les descendants manifestent des signes alors qu'ils n'ont pas vécu directement l'événement traumatique.

Ce trauma collectif a aussi un impact très évident sur l'identité collective, la représentation qu'un peuple a de lui-même. Ainsi, on peut observer dans un peuple traumatisé la baisse de l'estime de soi et de confiance en soi responsable d'un complexe d'infériorité, la perte de la cohésion sociale, les replis identitaires tels que le tribalisme, des discriminations sociales, une dissolution des valeurs dans l'éducation, une

> Rien ni personne ne peut changer le caractère horrible, inacceptable et douloureux de cet événement traumatique. Mais en faire une narration consiste petit à petit à intégrer dans son histoire biographique un événement «non sens», à prendre conscience des répercussions que cela a eu sur soi, à légitimer la souffrance et à pouvoir avancer dans un processus de guérison.

plus grande vulnérabilité face aux manipulations politiques, une perpétuation du cycle de violence, et une très mauvaise santé tant physique que mentale.

Les conséquences, sur la santé mentale, d'une guerre persistent bien après que les événements se soient produits. Comment faites-vous pour rendre compte que la souffrance, la désorientation, la démence d'une personne provient d'un trauma vécu, il y a quelques mois, quelques années ?

Au cours de ma pratique clinique, je me suis très vite rendu compte de l'importance de chercher à reconstituer l'histoire biographique de mes patients, d'y retracer toutes les émotions, les représentations et les modes de réponses caractéristiques. Et, étonnamment, on bute presque toujours à un ou plusieurs événements, une ou plusieurs relations qui «font trauma» dans la vie. Après ce mal-être peut s'exprimer soit sous la forme classique d'un stress post-traumatique ou alors de façon moins conventionnelle par toute forme de troubles psychiques ou physiques.

La plupart des personnes qui ont connu un traumatisme cherchent à un moment donné, à moyen voire long terme, à raconter ce qui leur est arrivé. Pourquoi la narration, qu'elle soit individuelle ou collective, est-elle un élément déterminant dans le processus de guérison psychique ?

C'est, je dirais, un réflexe de survie et un élan de vie qui vont dans le sens de la guérison. Il est ici important de comprendre que rien ni personne ne peut changer le caractère horrible, inacceptable et douloureux de cet événement traumatique. Mais en faire une narration consiste petit à petit à intégrer dans son histoire biographique un événement «non sens», à prendre conscience des répercussions que cela a eu sur soi, à légitimer la souffrance et à pouvoir avancer dans un processus de guérison. L'accompagnement bienveillant et averti d'un professionnel aide souvent à purifier ce processus de certains artéfacts tels que la culpabilité, la généralisation et d'autres mécanismes de « coping maladaptifs » (mauvaise adaptation).

METTRE LES MOTS SUR LES MAUX

Dans quelle mesure, le fait d'échanger quelques mots avec quelqu'un, peut-il faciliter la capacité de résilience de cette personne ?

La résilience est définie, par Marie Anaut comme l'art de s'adapter aux situations adverses en développant des capacités en liens avec des ressources internes et externes permettant d'allier construction psychique adéquate et insertion sociale. Cette définition, à laquelle je souscris, fait mention des ressources internes (mécanismes de coping, traits de la personnalité, l'image de soi, la perception du monde) et externes (support du social, cadre institutionnel, religion, valeurs culturelles).

La parole permet, au fond, d'identifier ces ressources internes et externes, de les renforcer pour mieux s'en servir dans notre guérison, dans notre reconstruction. La parole en outre permet de sortir de l'isolement humain où nous plonge le trauma et à ouvrir la voie à la compassion humaine.

Est-ce que la résilience est possible pour chacun d'entre nous ? Avons-nous tous la capacité d'être résilients ?

La résilience est, effectivement, possible pour tout être humain. Tout être humain a, en effet, des ressources internes ou externes qui constituent des facteurs de protection contre le trauma. Mais il est clair qu'en ce domaine, il y a des différences interindividuelles qui font que certains sont plus vulnérables que d'autres. Par exemple, les traumatismes pendant l'enfance, les maladies psychiatriques ou physiques, la précarité socio-économique, pour ne citer que ceux-là, sont autant de facteurs de vulnérabilité.

Qu'en est-il de ceux qui ne parviennent pas à se relever ou à rebondir après un trauma, mais plutôt s'effondrent ?

L'issue après un trauma dépend finalement d'une balance, la balance entre les facteurs de vulnérabilité et de résilience. Si les facteurs de résilience l'emportent, le patient peut se reconstruire, autrement, ce n'est pas très évident. Dans cette perspective, l'enjeu de toute aide (la prise en charge psychiatrique aussi) consiste à renforcer les facteurs de résilience et à diminuer les facteurs de vulnérabilité.

Se relever après un trauma exige souvent un travail de resocialisation. Lorsque toute une communauté est traumatisée par les horreurs et la barbarie de cette guerre menée contre les congolais depuis plus de 20 ans, comment se relève-t-on individuellement et collectivement ?

Très difficile! En effet quand toute la communauté est traumatisée, non seulement l'individu n'y trouve pas une ressource de résilience pourtant capitale, mais cette communauté devient même une source permanente de «retraumatisation». D'où l'importance de prendre le problème par les deux bouts, individuel et collectif.

Comment les traumatismes affectent-ils la mémoire et empêchent-ils de contrôler les émotions ?

De façon très simple, le traumatisme est un événement dont le caractère nocif, horrible, inacceptable ne peut pas être intégré dans notre récit biographique, tellement ça fait «non sens». Du coup, on est pris au piège dans cet évènement, la vie ne continue pas, on est bloqué dans ce traumatisme. Du point de vue des perceptions, des émotions et des pensées, on est en train de revivre cet évènement traumatique dont on n'est pas tout à fait sorti. Et ces personnes sont absentes au monde qui continue un peu sans elles puisqu'elles sont toujours prisonnières d'un passé traumatique qui est plus présent pour elles que le présent lui-même.

Comment la prise en charge des victimes, par la psychothérapie contribue-t-elle à reconstruire les individus et les communautés ?

La prise en charge psychothérapeutique permet de mettre les mots sur les maux, permet de prendre pleinement conscience du trauma, de le réintégrer dans son histoire biographique et de finalement retrouver le présent, et la perspective d'avenir. Ce schéma est autant valable pour les

> Ce rapport Mapping a effectivement une portée thérapeutique dans le sens qu'il libère « finalement » la parole autour des crimes qu'ont subi tout un peuple, et permet de ne pas vivre dans le déni. Il légitime la souffrance. Il permet de s'approprier, d'intégrer et d'espérer se dégager de leur trauma.

individus que pour les communautés. Vous comprendrez donc que notre peuple dont l'histoire est voilée par un lourd silence, dont l'histoire est écrite par d'autres et ailleurs, aura d'autant plus de mal de se guérir de son trauma si son histoire n'est pas repossédée, précisée, assumée.

Vous avez parmi les patients que vous suivez, des gens, qui, selon vos mots, ont perdu le sens de l'humanité ? Comment certains d'entre nous se retrouvent-ils « au bord de l'humanité » ? Et cela se traduit comment ?

Un des sentiment les plus communs des victimes de trauma est le sentiment d'avoir été traité comme on ne peut pas traiter un être humain, le sentiment que leur humanité a été niée par l'acte traumatique. Ce sentiment est ce qu'on appelle actuellement «la déshumanisation». Nombreux sont les patients qui disent qu'ils ne sont plus rien, qu'ils ne se sentent plus comme des humains parmi d'autres, qu'ils ne croient plus en l'humanité.

LA PORTÉE THÉRAPEUTIQUE DU MAPPING

Qu'est-ce que le rapport Mapping nous dit sur le processus de néantisation de l'être congolais ?

Loin de moi l'idée de m'improviser expert en droit international, on sait que le rapport Mapping est un des rares comptes-rendus, bien documenté, par des experts à notoriété internationale mandatés par les Nations Unies. Ce rapport porte sur une enquête étalée sur une période de 10 ans (1993-2003), 617 incidents ou crimes assimilables à des crimes de guerre, crimes contre l'humanité et violations du droit humanitaire international. Les crimes rapportés par ce rapport sont loin d'être exhaustifs de tous ceux qui ont été commis au Congo pendant cette période, et encore moins après cette période jusqu'à aujourd'hui. Quelques statistiques font état de 8 à 10 millions de morts, faisant de ce conflit le plus meurtrier dans l'histoire de l'humanité après la deuxième guerre mondiale. Beaucoup plus choquant que ces chiffres alarmants, il y a ce silence qui entoure cette réalité. Un silence au mieux lâche, au pire complice, mais un silence qui bloque toute voie à la justice et à la guérison pour tout un peuple.

Vous considérez que le rapport Mapping a une dimension thérapeutique pour les populations congolaises. Quels sont, selon vous, les aspects thérapeutiques de ce rapport ?

Tout d'abord, c'est bien dommage que le peuple congolais ait à s'accrocher à ce rapport non exhaustif pour parler des crimes dont il est victime jusqu'à aujourd'hui. Cela est dû, peut-être, au fait que leur parole ne porte pas loin, que leurs cris butent sur une indifférence généralisée. Il a fallu tout l'aura international d'un prix Nobel tel que le Dr Denis Mukwege, d'une implication de plus de 200 organisations non gouvernementales (ONG) pour remettre sur la table ce rapport longtemps gardé dans l'oubli. Encore que, pour des raisons obscures, tous les éléments de ce rapport n'ont pas été vulgarisés jusque-là.

Et pourtant, pour revenir à votre question, ce rapport Mapping a effectivement une portée thérapeutique dans le sens qu'il libère « finalement » la parole autour des crimes qu'a subi tout un peuple, et permet de ne pas vivre dans le déni. Il légitime la souffrance. Il permet de s'approprier, d'intégrer et d'espérer se dégager de leur trauma. En outre, ce rapport incite à l'empathie et la solidarité autour de ce trauma et ouvre la voie à la justice et la réparation.

Dans son livre «Et si la santé guidait le monde ? L'espérance de vie vaut mieux que la croissance» (Les Liens qui Libèrent, 2020), l'économiste français Eloi Laurent suggère l'idée que « l'espérance de vie et la pleine santé doivent devenir nos boussoles communes, la pierre angulaire de notre système, de même qu'autrefois le plein-emploi endossait cette fonction ». En ayant en perspective le Congo-Kinshasa, que vous inspire cette proposition ?

Le Congo-Kinshasa est parmi l'un des pays dont l'espérance de vie est des plus bas de la planète (60 ans en

2018). Ce n'est pas étonnant vu que l'espérance de vie dépend de la santé physique et psychique de la population.

Et, rappelez-vous qu'une mauvaise santé (physique et psychique) fait partie des conséquences du trauma collectif. Très complémentaire à l'espérance de vie, un autre marqueur de santé publique encore plus en lien avec la santé, c'est la qualité de vie qui est aussi, sans aucune surprise, altérée dans la population congolaise. Ce que j'apprécie finalement dans cette approche d'Eloi Laurent, c'est que l'accent est déplacé de la croissance (un paramètre économique) vers l'espérance de vie (un paramètre sanitaire). Cela nous rappelle que l'économie est faite pour l'homme et non l'homme pour l'économie, grosse remise en question des valeurs du millénaire. Puissions-nous avoir le courage de nous recentrer sur l'humain pour retrouver notre humanité!

ERIC KWAKYA

ENTRETIEN AVEC ERIC KWAKYA
Passer de la survivance à la vie

Eric Kwakya est psychiatre. Clinicien, il est, depuis fin 2005, médecin en chef au Centre Neuropsychiatrique Sosame à Bukavu, dans la région du Sud Kivu en République démocratique du Congo.

LA PSYCHIATRIE AU CONGO, C'EST COMME UN SACERDOCE

CLL : Le choix que nous faisons dans nos travaux de recherche ou orientations académiques et professionnelles sont rarement le fruit de hasard. Ils sont souvent liés à des histoires personnelles ou du moins à des domaines qui nous touchent particulièrement. Comment votre histoire personnelle a-t-elle orienté votre choix dans votre orientation académique et ensuite dans votre choix de devenir psychiatre ?

Eric Kwakya : Effectivement, le choix de devenir psychiatre est le fruit d'un mélange de ce qui m'appartient personnellement et de ce que j'ai vécu de par mon expérience professionnelle. Au niveau de la formation de base, j'ai fait le petit séminaire avec l'idée de devenir prêtre. Cela m'a poussé à faire des humanités littéraires et ensuite, j'ai poursuivi avec trois ans de philosophie.

Entre temps, j'ai perdu ma vocation de prêtre, comme on peut dire, et j'ai opté pour la médecine. Je me suis néanmoins demandé ce que j'allais faire de ma formation de philosophie en médecine et surtout ce que je pourrais faire en médecine qui valoriserait cette formation. C'est ainsi que l'idée de faire de la psychiatrie est née. Mon idée en allant dans cette direction était simplement de pouvoir rentabiliser ma formation initiale en philosophie.

Mais quand j'ai commencé mes études de médecine en 1995, ici à Bukavu, il n'y avait pas de psychiatres, dans mon université. Je n'avais donc pas de modèles, pas de possibilité de renforcer mon idée de départ. Ce qui fait qu'au fil du temps, j'ai tout simplement abandonné l'idée de devenir psychiatre. Au point que lorsque nous avions eu, pour la première fois, un psychiatre lors de ma dernière année d'études, Je ne savais plus, en pratique, exactement à quoi cela correspondait.

Il se trouve qu'à la fin de mes études, comme tout le monde, j'ai dû faire un training, c'est-à-dire un renforcement des apprentissages auprès d'un aîné, d'un maître qui exerçait déjà dans la pratique. Je suis allé le faire à l'hôpital FSKI à Walungu, dans le Sud-Kivu. C'était à l'époque où des massacres étaient perpétués dans le territoire de Walungu. Le village de Kaniola y est, malheureusement, devenu très connu au niveau mondial à cause notamment des massacres perpétrés dans les années 2000.

Alors un jour où j'étais de garde, on nous a amené évidemment des blessés mais des corps aussi. Ce sont les casques bleus de la Mission de l'Organisation des Nations unies en république démocratique du Congo (devenue MONUSCO plus tard) qui nous les avaient amenés. Il y avait des rescapés, dont une dame de troisième âge, brûlée à moitié, et qui était dans le coma. Elle avait perdu toute sa famille. Alors que je m'attachais à la réanimer, je ne pouvais pas m'empêcher de me demander comment cette dame réagirait à son réveil. Parce qu'elle n'avait plus personne. Elle avait perdu toute sa famille. Elle n'avait plus rien non plus, plus de biens, plus de maison. Tout avait été incendié.

C'est à ce moment que je me suis dit qu'au-delà du soin physique que nous prodiguons, pour que la personne mène une vie décente, une vie convenable, un soin d'une autre dimension était nécessaire. Pour moi, le soin devait aller au-delà de ce qu'on pouvait faire sur le corps de la personne. L'idée de faire de la psychiatrie est ainsi revenue !

Et effectivement, au réveil de cette dame, au lieu de nous remercier pour le travail que nous avions fait, elle nous a vraiment blâmés et là, franchement, cela a été un déclic pour ma vie.

Je me suis dit qu'il fallait que je renforce ma formation en psychiatrie même si je n'avais pas beaucoup de modèles dans ce domaine. Et un autre événement a renforcé mon choix : il y avait un centre psychiatrique tenu par les frères de la charité à Bukavu, ouvert depuis 1994 et un ami m'avait informé que ce centre cherchait un médecin. J'ai postulé et j'ai été engagé. C'est comme cela que j'ai commencé un peu en autodidacte. Il y avait une petite bibliothèque, j'ai passé du temps à lire et je dois dire que ma formation en philosophie m'a aidé à pouvoir comprendre certaines choses qui se disaient en psychiatrie. Évidemment, les connaissances pratiques des infirmiers m'aidaient aussi.

Quelques mois après, j'ai eu la visite de psychiatres qui venaient pour le renforcement de capacités, à raison d'au moins deux missions par an d'une durée de 2 semaines chacune. Pendant les 2 semaines de leur présence à nos côtés, j'ai pu leur poser toutes les questions pour lesquelles je cherchais des réponses à travers mes lectures.

C'est donc grâce à ces collègues psychiatres, mes anciens maîtres à l'époque, aux livres et aux malades - mes premiers enseignants qui nous amenaient des problèmes que nous devons analyser - que j'ai pu me former avant de finaliser ma spécialisation en psychiatrie à Dakar. Voilà pourquoi et comment je suis devenu psychiatre.

Au moment où vous vous orientiez dans la psychiatrie, il y a la guerre au Congo-Kinshasa. Comment et pourquoi avez-vous décidé de consacrer votre vie à réparer les blessures et les traumas des personnes dévastées par la guerre dont cette dame que vous avez sauvée et qui vous a blâmé pour cela ?

C'est vrai qu'au moment où j'ai commencé, nous étions en pleine guerre, en pleine insécurité. Il y avait beaucoup de massacres. Il y avait également ce phénomène de viol. C'est-à-dire que quand j'ai fait mes premiers pas en psychiatrie, j'ai vite senti qu'il y avait une souffrance complètement oubliée. Parce que le monde dans lequel je venais, celui de médecine générale, ne faisait pas attention à la souffrance psychique qui accompagnait souvent ce que nous nous considérions comme la souffrance physique. Ces réalités du terrain, particulièrement l'expérience avec les femmes survivantes ou victimes de viol, m'ont vraiment motivé davantage à m'affirmer dans cette voie et à y consacrer ma vie.

Au-delà de ces personnes en souffrance, il y a aussi autre chose qui m'a poussé à continuer dans la psychiatrie, et qui tient davantage de ma personnalité. Je n'aime pas trop suivre les sentiers battus. Plus les gens dénigraient et négligeaient la psychiatrie, plus cela me poussait à m'y investir. Parce que je sentais que c'était un domaine dans lequel je pourrais peut-être être seul. Je prenais cela comme un défi. Et j'aime bien affronter les défis et y trouver des solutions. C'est aussi cela qui m'a peut-être permis de tenir.

Je tiens néanmoins à préciser que si je n'avais pas trouvé cette souffrance au sein de la population, je crois que je n'aurais pas été motivé. Cette souffrance a véritablement été le catalyseur. Qui allait prendre en charge ces gens? Qui allait travailler pour changer la conception et les fausses croyances autour de la psychiatrie et de la santé mentale dans la région ?

Ce questionnement m'a poussé à continuer malgré le peu d'appuis que je recevais de la part de mes pairs, de la part de la famille ou encore de mes proches.

Vous parlez de défis. Selon vous, qu'est-ce que cela signifie d'être un psychiatre dans une société congolaise marquée par la guerre et les violences en tous genres d'une part, et comment êtes-vous perçu par les populations et les victimes de traumas qui viennent à vous, d'autre part ?

Etre psychiatre au Congo signifie en fait beaucoup de choses. Je me dois de vous contextualiser cela pour bien comprendre. Tout d'abord la psychiatrie au Congo, c'est le parent pauvre de la médecine. Nous sommes un peu considérés comme des marginaux. Même certains collègues avec lesquels nous avions étudié avaient l'impression que ce que nous faisons ce n'est pas vraiment la médecine. Les populations, surtout celles qui n'ont pas encore fait l'expérience de souffrances psychiques, quant à elles, considèrent que ce que nous faisons n'a pas vraiment d'importance, et ont du mal à comprendre pourquoi on devrait consulter un psychiatre. A la limite, elles réduisent la psychiatrie à la médecine qui s'occupe des « fous » et Dieu sait ce que « fou » veut dire dans leurs représentations.

Maintenant, au niveau administratif, les textes au Congo disent, par exemple, que les psychiatres devraient être payés deux fois plus que les autres disciplines en médecine. Mais dans les faits, c'est tout à fait le contraire. Ensuite, la psychiatrie est une discipline presque orpheline au Congo parce qu'on n'a pas pu former des infirmiers dans ce domaine-là. Il n'y a pas longtemps que le pays commence former les psychologues cliniciens. C'est avec la guerre qu'on a compris qu'on avait besoin de cette discipline et d'ailleurs, cela a été beaucoup plus amené par les ONG internationales. C'est comme cela que le pays s'est engagé à former, à la va vite, des psychologues. Mais des psychothérapeutes comme on les connait en Occident, Il n'y en a presque pas.

Jusqu'à présent, la psychiatrie au Congo, c'est comme un sacerdoce. Même si toute la médecine, en général, est un sacerdoce, la psychiatrie demande voire exige une certaine vocation, une certaine sensibilité à pouvoir aider. Il faut avoir en soi, au-delà du salaire que l'on pourrait y retirer, une aspiration à aider les autres, à aider une population plutôt marginalisée, des hommes, des femmes et des enfants dans la précarité, et cela sans en attendre une quelconque reconnaissance.

Je vous raconte une anecdote. Quand j'ai commencé, j'avais soigné une fille qui présentait de troubles bipolaires et était dans une phase maniaque très agitée. Je me suis vraiment battu pour stabiliser cette crise maniaque. Quelques semaines après sa sortie de l'hôpital, je l'ai croisée sur la route. Je suis allé la saluer, avec beaucoup d'enthousiasme, et un peu de fierté, par rapport à ce que j'avais pu faire pour elle. Elle m'a dit ceci : « Ah docteur, me voilà, vraiment bien portante maintenant. C'est parce que j'ai pu trouver quelqu'un qui m'a désintoxiquée de tout ce que vous me donniez comme doses toxiques dans votre hôpital. »

Moi qui m'attendais à ne serait-ce qu'un merci, voilà ce que j'ai reçu à la figure ! Voilà pourquoi, dans ce métier, on ne doit pas s'attendre à de la reconnaissance. Il faut y aller en se disant aussi que parfois, les gens ne sont pas toujours conscients de ce que nous faisons. Mais en même temps, quand nous voyons toute cette souffrance, il nous appartient de pouvoir apporter notre pierre à l'édifice Congo.

Cela dit, j'ai constaté que, entre mes débuts et maintenant, la perception de notre métier, par les populations, a quand même évolué un peu dans le sens positif. Cela est dû, sans aucun doute, au travail que nous avons fait, en tant que psychiatres au Congo, avec les collègues au niveau international aussi. J'estime y avoir apporté ma part dans ce travail.

Même au niveau politique, aujourd'hui, on ne parle plus de santé physique sans parler de santé mentale. Aujourd'hui de plus en plus de gens comprennent que la souffrance comporte certes une dimension physique mais aussi une dimension mentale. Et je peux dire que cela me rend un tout petit peu heureux, et cela démontre quand même que le travail que nous avons fait, et que nous faisons, n'a pas été vain.

LA GUERRE A DÉTRUIT LE GARANT DU BIEN-ÊTRE DE LA POPULATION, L'ETAT

Viols, tortures physiques et psychiques, prises en otages, esclavage sexuels, enterrement de personnes vivantes, tueries cruelles, éventrations publiques de femmes, déplacements et exils des populations, pillages, incendies de maisons. Pour les témoins de cette tragédie, pour les survivantes et les survivants de cette barbarie, il est en reste quelque chose dans leurs psychés. Ces traumatismes perturbent, inhibent voire paralysent l'humain dans sa globalité. Dans quel état mental se trouvent la société congolaise en général et la société sud-kivutienne, en particulier ? Quel est votre diagnostic, docteur ?

Je dirais que l'on sent, sans vouloir exagérer, et sans aller aussi à l'extrême, quand même, des effets du traumatisme dans la société congolaise. Si on observe bien notre société, on constate qu'il y a une certaine fébrilité, un certain manque de confiance en soi et en l'autre, un certain manque de confiance dans l'avenir et une méfiance du voisin, du frère, du cousin, de la famille, de l'ami.

> Cette guerre a détruit des personnes, des biens, mais elle a aussi détruit l'Etat, qui est le garant du bien-être de la population. Au Congo, aujourd'hui, on peine à reconstruire un État. Or, l'Etat n'est pas seulement un garant matériel, mais aussi un garant psychique pour que les gens fonctionnent mentalement comme il faut.

Par exemple, si vous arriviez à Bukavu avant la guerre, on voyait que les gens vivaient plutôt « normalement ». Il n'y avait pas autant de clôtures. Mais aujourd'hui, je sens que les gens se barricadent vraiment chez eux. Il faut voir comment les gens s'enferment dans les maisons. C'est plusieurs cadenas sur les portes et les portes sont métalliques. Cela va au-delà même de la réalité de l'insécurité. Cela frise la paranoïa.

Evidemment, un tel tableau n'est pas très loin de ce qui est décrit en santé mentale comme étant un trouble paranoïaque. C'est vraiment ainsi, « trouble paranoïaque », que l'on peut décrire aujourd'hui le fonctionnement de la société congolaise, qui est une société un peu anormale.

Jusqu'à maintenant, nous avons encore des gens qui continuent de quitter leurs villages pour la ville, mais aussi des gens qui continuent à quitter leurs villes pour l'étranger. L'immigration dont on parle aujourd'hui, l'émigration de notre point de vue, n'est pas étrangère à des manifestations post-traumatiques. Ici, à Bukavu, nous vivons cela. Nous avons nos exilés internes, de gens qui viennent des villages pour vivre ici. Quand nous les regardons, nous avons la même impression que ceux qui sont en Occident, par rapport aux immigrés. Il s'agit de personnes, parfois, qui mettent leur vie en danger pour pouvoir survivre. La Ville de Bukavu est complètement abîmée en raison des constructions anarchiques, sur des sites dangereux et inadaptés, et nous, ici, nous nous demandons comment quelqu'un peut aller vivre dans de tels endroits, qui plus est, au péril de sa vie.

Mais quand on s'intéresse à ces personne qui prennent ces risques, on se rend compte que, bien souvent, il s'agit de personnes qui ont fui la guerre dans leur village - où ils ont connu des atrocités indicibles et donneraient tout pour ne pas y retourner - et se retrouvent en ville, sans aucun repère. Et cela fait partie des manifestations post-traumatiques. À côté de ce phénomène, il existe aussi celui des «portés disparus» dont on ne parle pas beaucoup. Ce sont des enfants et des maris qui sont tout simplement partis pour une destination inconnue sans jamais donner des nouvelles et ce après avoir vécu ou été témoins des viols publics impliquant leurs parents, sœurs ou épouses. Ces «portés disparus» ont emporté avec eux et laissé derrière eux de la souffrance psychique, des veuves et orphelins, pire sans possibilité de faire le deuil.

A cela, il faut ajouter la question de la consommation des substances illicites chez les jeunes.

Je ne peux pas dire que cette consommation est directement et seulement liée à situation de la guerre. Mais elle en est une des conséquences pour affronter cette guerre-là. La guerre a détruit des personnes, des familles et la confiance qu'il pouvait y avoir entre les habitants, mais elle a aussi détruit des biens et des emplois. Elle a occasionné le déplacement des populations qui vivaient dans les campagnes. Tout cela a engendré une crise humanitaire avec des congolais qui sont devenus des déplacés internes, c'est-à-dire des exilés dans leur propre pays. Ce phénomène a accru la pauvreté, et l'oisiveté. Le fait pour certains jeunes de n'avoir rien à faire, a poussé une grande partie d'entre eux, à se réfugier dans la consommation de drogues.

Par ailleurs, les armées présentes au Congo n'étaient pas composées que de saints. Au sein d'elles, il y avait des gens déjà habitués à la consommation des drogues et notamment des drogues dures. Voilà comment des drogues qu'on ne connaissait pas ici, dans la ville de Bukavu se sont retrouvées dans les rues de la ville. Je pense à la cocaïne, à l'héroïne, etc. Voilà comment cela est venu aggraver davantage les problèmes de santé mentale.

Si on peut considérer le nombre de consommateurs de substances psychoactives, on n'y retrouve pas beaucoup de femmes, en tout cas. Mais j'ai vu, auprès des victimes de viol, parfois même des femmes du troisième âge, un certain nombre de femmes qui s'adonnaient de manière excessive à la consommation d'alcool. Sans que les gens mettent nécessairement le lien entre cette consommation d'alcool et ce qu'elles ont vécu.

Pour ces femmes, il s'agit d'une deuxième marginalisation parce que la société ne tolère pas de voir une femme qui s'enivre comme ça. Elles ont déjà été repoussées par le fait d'avoir été violées, mais le fait qu'on les voit consommer des substances psychoactives, cela ne fait qu'aggraver leurs cas. Qui sont ces personnes qui peuvent comprendre la souffrance qui se cache derrière ce que l'on considère comme étant des mauvaises habitudes et mauvais comportements de ces dames ?

Ce sont les acteurs de santé mentale qui peuvent comprendre cela et trouver des moyens de pouvoir casser ce cercle vicieux qui s'installe entre la souffrance, l'exclusion sociale et la consommation des substances psychoactives.

Cette guerre a détruit des personnes, des biens, mais elle a aussi détruit l'Etat, qui est le garant du bien-être de la population. Au Congo, aujourd'hui, on peine à reconstruire un État. Or, l'Etat n'est pas seulement un garant matériel, mais aussi un garant psychique pour que les gens fonctionnent comme il faut mentalement.

Revenons sur la question du viol que vous aviez déjà mentionnée. Viols individuels. Viols collectifs. Viols publics. Viols en présence des membres de famille. Viols et tortures à répétition. Destruction de l'appareil génital. Vous affirmez que « Jamais une personne qui a été violée sera la seule victime ». Pouvez-vous élaborer sur le viol comme arme de destruction et de néantisation de l'être humain congolais ?

Le viol est un événement particulièrement traumatisant, si je peux me permettre. D'autant plus que la personne qui est victime, celle qu'on appelle la victime directe, celle qui subit le fait, vit comme une perte de tout ce qu'elle considérait comme étant une valeur. Et, je vous parle là de ce que je vois sur le terrain, dans ma pratique quotidienne.

Je prends l'exemple d'une femme lambda. Elle a la capacité de dire oui ou non à une sollicitation d'un acte sexuel. Elle sent quand même que c'est elle qui contrôle son oui ou son non. Mais dans le viol, elle perd cette capacité de pouvoir dire oui ou non. Elle perd aussi ce qu'elle considère comme étant une valeur, son corps. Un corps qu'elle peut « offrir », c'est le terme que j'entends ici, quand elle le veut, pour (re)trouver un certain plaisir ou accorder un plaisir à l'autre. Mais dans le cas du viol, c'est une tierce personne qui prend son corps de force et parfois pas pour en retirer un plaisir, mais pour faire du mal, pour souiller ce corps. Au final, le corps de cette femme ne représente plus ce qu'il a toujours représenté pour elle. Parce que le violeur est venu montrer que ce corps n'a aucune valeur. C'est ainsi que cette femme perd sa fierté mais aussi toute son éducation et toutes ses connaissances qui s'effondrent. Or, c'est cet ensemble qui l'a aidé à bâtir son identité. Si bien que c'est toute son identité qui se trouve menacée.

Le même processus affecte aussi ceux qui sont proches de cette femme, comme ses parents, ses frères et sœurs, voire tout son clan. Mais aussi le mari, pour qui, de par son éducation, le corps de sa femme lui appartient aussi. Et finalement, les violeurs viennent tout saboter. Le viol vient montrer au mari que sa femme ne lui « appartient » pas et qu'elle appartient à n'importe quel violeur.

Ce sont ces liens maritaux, familiaux et sociaux que les viols détruisent. D'autant plus que nous évoluons dans des sociétés, qui sont considérées ailleurs comme traditionnelles, dans lesquelles la sexualité n'est pas quelque chose qui se vit en public. Or, les viols se déroulent en public et viennent donc remettre en question ce que l'on considérait comme étant une valeur culturelle. Cela ne peut que perturber les personnes qui vivent brutalement tous ces changements dans leurs vécus de la sexualité. Sans oublier que les viols qui sont commis pendant la guerre, s'accompagnent de violences et de blessures en tous genres. On sait, de par notre humanité, ce que cela fait de voir l'autre, notre semblable souffrir à côté de nous.

Et la souffrance physique de l'autre dont on fait l'expérience, indirectement, fait ricochet directement dans le cœur des personnes qui lui sont proches. C'est comme cela que, à côté d'une victime et parfois même plus que la victime, que l'on considère comme étant la victime directe, je dis qu'il y a d'autres victimes - dites indirectes celles-là - qui souffrent.

Par ailleurs, des cas de stress post-traumatique et des cas de stress post-viol se manifestent beaucoup plus chez l'accompagnant de la victime, qui peut être le mari, qui peut être la mère d'une petite fille. Parce que chez nous, malheureusement, même des enfants de moins de 5 ans ont été victimes de viol. De par mon expérience, je pense qu'il faut toujours considérer la dimension collective dans les soins consacrés aux victimes du viol.

Dans une société qui valorise la fidélité, le viol est parfois assimilé, bien qu'à tort, à l'adultère. Cela veut dire que pour certains, une femme qui a été violée est une femme qui commet l'adultère. Parfois, dans la tête de la femme elle-même, étant imprégnée de sa culture, il n'y a pas trop de différence entre le viol et l'adultère, dans le sens où le fait d'avoir eu des rapports sexuels en dehors de son couple est vécu comme un adultère. Dans certaines traditions ici, cela est perçu, en plus, comme quelque chose qui pourrait entraîner une certaine malédiction dans la famille. Peut-être que le mari ou les enfants pourraient perdre la vie. Il y a aussi une part de honte qui intervient, surtout, si cela est connu par les voisins ou par les collègues. Ceci est à la base de la culpabilité, de la honte, du sentiment d'impureté, de souillure à la base de l'exclusion et de l'auto-exclusion. Des signes et symptômes que l'on retrouve dans des tableaux de souffrance psychique voire de maladie mentale.

Depuis plus de 20 ans, les masses populaires congolaises et notamment celles de la grande région du Kivu accumulent les facteurs de vulnérabilités : Appauvrissement anthropologique, insécurités en tous genres, système sociaux et sanitaires délabrés, éducation défaillante, chômage de masse. Qu'en est-il de leurs « facteurs de protection » psychologiques ?

Individuellement, nous avons des moyens de défense, qui sont biologiques ou psychiques. La complexité de la question vient du fait que certains moyens de protection peuvent être efficaces seulement dans l'immédiat mais sur le long terme, ils deviennent des moyens qui affaiblissent la personne. Pour illustrer cela, prenons le cas de la fièvre, qui est un moyen de défense pour l'organisme. Si une fièvre commence à devenir très intense et si elle dure pendant longtemps, elle peut

> Nous ne pouvons pas nous contenter d'être des survivants. Jusqu'à présent, nous sommes dans un système de défense avec un mécanisme de protection transitoire qui gère les urgences mais qui ne garantit pas encore un retour à une vie normale.

s'avérer toxique pour l'organisme.

Au niveau collectif, on a vu par exemple que les gens essaient de se regrouper. En l'absence de professionnels du soin, la religion a joué un certain rôle protecteur en raison des croyances qu'elles entretiennent ou véhiculent. Ce n'est d'ailleurs pas un hasard si les églises de réveil se sont multipliées pendant cette période de souffrance. Mais sur le long terme, est-ce que ces moyens continuent à être efficaces et continuent à être des moyens de protection sur le plan psychique ? Cela reste une question à se poser.

J'ai analysé cela dans mon travail de mémoire de spécialisation, qui a été aussi publié par la revue Études Ethnopsychiatrie Ethnopsychanalyse[2]. J'y évoque, par exemple, le cas d'une dame, qui a été, malheureusement, victime de viols, pendant son enfance. A 13 ans, elle a été capturée, avec l'ensemble de sa famille, pour devenir esclave sexuelle. Elle explique que pendant que les viols se déroulaient, elle se défendait psychiquement, en se dissociant de son corps, en déconnectant son esprit de son corps. Elle dit qu'elle envoyait son esprit ailleurs, seul son corps restait. Elle estime qu'aujourd'hui si elle vient en consultation, c'est parce qu'elle souffre du fait que dans la vie, chaque fois qu'elle est confrontée à une détresse, elle a envie d'aller se réfugier dans ce que l'on appelle ici, une chambre de prières.

Et qu'est-ce qui l'attire dans la chambre de prières ? Elle dit que c'est le fait que les chants de louanges, les tambours, la musique qui s'y jouent lui permettent d'aller en dehors du monde. On sent une sorte de dissociation, elle se retrouve dans une sorte d'état second à ce moment-là. On sent finalement que c'est le même mécanisme de défense qu'elle utilisait, quand, toute seule, elle était dans la forêt avec ses agresseurs. La religion vient, dans son cas, lui offrir un refuge. Mais la pratique religieuse ici lui semble devenir une drogue dont elle devient dépendante ; son utilisation n'est plus efficace, elle la fragilise et le met en danger face à son foyer qu'elle risque de

---

[2] Kwakya M.E., Thiam H. M., et Ndoye O. (2016) Viols en zone de conflits. In Thiam H. M., Ndoye O. et Despierre G. P. Psychopathologie en Afrique N°2. Études Ethnopsychiatrie Ethnopsychanalyse. Collection Psychanalyse et traditions. L'Harmattan. Paris.

perdre. Sa demande est d'être libérée de cette dépendance, de cette manière d'utiliser la religion. Voilà l'exemple d'un mécanisme de protection qui, certes a été efficace à un certain moment avant de devenir mortifère par la suite, et à cause de sa répétition en surdose.

De manière générale, je dirais que nous sommes au mieux dans un état de survivance. Nous ne sommes pas encore arrivés à un état de vie. Néanmoins, nous devons passer de la survivance à la vie comme dit Jacques Roisin. Nous ne pouvons pas nous contenter d'être des survivants. Jusqu'à présent, nous sommes dans un système de défense avec un mécanisme de protection transitoire qui gère les urgences mais qui ne garantit pas encore un retour à une vie normale.

Quelles sont les réponses sociales et communautaires à cette désorientation des existences, destructions des vies et déliquescence de nos communautés ?

Je voudrais vraiment insister sur le fait de ne pas confondre ce qui a été mis en place comme moyen de défense, provisoire ou d'urgence, avec les moyens de défense qui sont plutôt à long terme et qui garantissent un bien-être sur le temps long.

Les communautés ont prévu en leurs seins des rituels pour permettre que ce qui est considéré comme étant une transgression, comme l'adultère, puisse trouver une certaine voie de sortie afin que la malédiction ne vienne pas s'abattre sur la famille. Ce sont des rituels qui favorisent la « réunification » avec des personnes qui ont « commis » évidemment l'adultère.

C'est ainsi que les communautés ont pu réinsérer socialement des victimes de viols, d'agressions et de destructions et de pertes en tous genres. Et le fait de se retrouver dans une famille, le fait de pouvoir, pour une femme, retrouver son couple, tout cela constitue des facteurs de résilience pour les sociétés et communautés.

La religion essaie d'organiser au mieux cette réponse communautaire. Elle prêche l'espoir, l'espérance et la vie, et permet aux gens de ne pas opter pour la mort ou le suicide. Elle entretient les gens dans un certain esprit de pardon, qui aide à supporter une certaine souffrance. Elle explique autrement la causalité des événements qui nous tombent dessus et aide ainsi à les métaboliser, les intégrer sans se culpabiliser notamment. C'est à ce niveau-là que la religion apporte quelque chose de tout à fait protecteur pour les victimes. Chez nous, les gens ont encore la foi, ce qui fait que la religion peut encore jouer un rôle.

Évidemment, nous aussi, en tant que personnel médical, nous tâchons d'y contribuer dans la mesure de nos possibilités. Par ailleurs, on sent que les victimes entre elles, essaient de se retrouver pour partager les moyens de survie. Elles ne se limitent pas à se réunir pour partager leurs souffrances. Elles restent, certes, enfermées dans leurs souffrances, mais elles échangent sur les moyens de survivre. Elles se posent des questions du genre : comment vous, vous avez fait pour pouvoir survivre à cela? Ce partage aide certaines victimes à se reconstruire.

La justice pourrait apporter une réponse sociale et représenter un autre moyen de protection. Mais au Congo, malheureusement, elle continue de jouer un rôle négatif, étant donné qu'il n'y a pas de justice, à proprement parler. Il n'y a pas eu de réparations pour les populations. S'il y avait une justice, si elle pouvait être rendue, ce qui est la lutte noble du prix Nobel de la Paix, le docteur Denis Mukwege, je pense que cela pourrait apporter aussi quelque chose de plus.

Pour ce qui est de la solidarité, en tant qu'africains, nous la voyons, nous en faisons l'expérience. Mais elle est plutôt organisée au niveau de la famille. Et heureusement, que cette solidarité existe. Nous ne vivons pas chacun dans son petit coin. Ce qui fait que dans la communauté, avec les voisins, on peut encore se dire bonjour. Il y a toujours des gens de la famille élargie qui passent à la maison. Cette solidarité constitue aussi un facteur de protection et permet aux gens de tenir.

Je voudrais mentionner un autre élément qui, malheureusement, a été mis à mal par la guerre. Il s'agit des leaders dans nos communautés, des gens porteurs d'une parole faisant force de loi, des garants de nos coutumes, telles qu'elles existaient dans les sociétés traditionnelles. Tous ces gens malheureusement, ont été systématiquement tués, massacrés pendant cette guerre ou démystifiés, désacralisés. C'est le cas par exemple de quelqu'un comme Monseigneur Christophe Munzihirwa. Il représentait une voix forte notamment ici à Bukavu. Ce sont des garants du bon fonctionnement psycho-social communautaire.

Comment devrions-nous faire notre deuil de nos proches et de nos disparus, de manière générale, quand cette guerre perdure. Et Doit-on nécessairement faire notre deuil ? Et si nous refusions d'accepter les drames qui nous tombent dessus, et de faire notre deuil, qu'est-ce que cela implique au niveau individuel ou sociétal ?

Je reste convaincu que le deuil garde tout son sens et toute sa valeur. Mais ce sens et cette valeur ne peuvent produire leurs effets ou les effets escomptés que si nous mettons d'abord fin à la guerre. Comment voulez-vous qu'on demande aux gens de faire leur deuil pendant qu'ils savent que d'autres personnes sont sur le point de mourir ? Le deuil est aussi censé signifier la fin de quelque chose. Il faut qu'il y ait d'abord des efforts pour mettre fin à la situation d'insécurité. Il faut qu'il y ait quelque chose qui dise aux gens : « Maintenant, on peut faire le deuil ».

C'est difficile de faire son deuil, pendant que l'on est encore en train de fuir. Si vous perdez un être cher pendant que les balles sifflent encore, pendant que vous cherchez à vous mettre à l'abri, comment organiser le deuil dans ces conditions ?

Je le répète, la première chose dont nous avons besoin, c'est de mettre fin à l'insécurité et à la guerre. A ce moment-là, nous pourrons organiser dignement les deuils. Parce que les deuils sont aussi des moments de partage de la souffrance. Nous connaissons la souffrance mais aux côtés des personnes qui ont une certaine signification dans nos vies, nous sommes alors avec des gens qui nous soutiennent et qui nous permettent de traverser ces moments difficiles. Et tout cela ne peut se faire qu'à partir du moment, où les personnes se sentent en sécurité. Qu'il s'agisse de la sécurité physique ou psychique.

Il faut mettre en place les conditions pour que les personnes se sentent en sécurité afin d'organiser le deuil, qui est, j'insiste, nécessaire. Le deuil est effectivement nécessaire pour la reconstruction des personnes qui ont été détruites par tous ces évènements.

La justice est un autre pilier pour l'organisation de ce deuil. Il y a des morts dont la famille n'a jamais trouvé les corps. Ils avaient été emportés et tués loin de chez eux. Il y en a qui sont dans les fosses communes. Les familles doivent pouvoir enterrer dignement ces êtres qui leur ont été chers pour faire le deuil. Et c'est la justice qui facilitera cela.

LE SUD-KIVU, UN CAS D'ÉCOLE EN PSYCHOPATHOLOGIE

Vous estimez que le Sud-Kivu est un cas d'école de tout ce que l'on peut imaginer en psychopathologie. Pouvez-vous nous en dire plus sur les manifestations psychosomatiques les plus récurrentes ou répandues ?

Nous avons, en psychiatrie, un tableau classique d'état de stress post-traumatique. On y retrouve principalement le syndrome de répétition traumatique, dans lequel on retrouve la personne en train de se remémorer les événements vécus, mais aussi le syndrome d'évitement dans lequel la personne évite de se rapprocher des lieux ou des indices qui lui rappellent des difficultés de la vie, ainsi que les manifestations neuro-végétatives, dans lesquelles la personne voit sa respiration, son battement cardiaque s'accélérer au moment où elle se souvient de ce qu'elle a vécu.

Si je me réfère aux cas que j'ai reçus en tant que psychiatre, je peux dire, en tout cas, que j'ai vu toutes les manifestations que l'on décrit dans les manuels de psychiatrie. Même au-delà, de notre tableau classique.

Je vais commencer par le cas de ces enfants qui sont arrivés au centre avec des bouffées délirantes et se comportaient de manière complètement désorganisés, ce qui a poussé, d'ailleurs, les familles à nous les amener. Lorsque nous nous sommes occupés d'eux, nous nous sommes rendu compte que ces manifestations surviennent, en post-immédiat, après un vécu de viols ou un vécu de massacres au cours desquels les parents ont été soit blessés soit tués. Ce sont des situations qui ne sont pas vulgarisés.

Nous avons vu des personnes, principalement adultes qui venaient à nous, pas dans le post-immédiat, mais bien après, et qui présentaient des syndromes de fureur maniaque, avec une augmentation du flux verbal, une excitation psychomotrice importante et une certaine désinhibition. Ils racontaient n'importe quoi et manifestaient une augmentation de la libido. Après une anamnèse (le récit des antécédents d'un malade) assez fouillée, on retrouve un lien avec un vécu traumatique.

Nous avons des cas de plaintes que l'on pourrait qualifier de psychosomatiques, parce que les personnes peuvent développer des symptômes qui ressemblent à une atteinte gastrique telle que l'on connaît. Mais quand nous faisons des examens, nous ne trouvons rien du tout qui corrobore ces plaintes. Au mieux, on retrouve quelques lésions mais ces lésions sont souvent aggravées par des évènements qui évoquent le traumatisme, ou par un vécu proche des souvenirs ou d'une expérience que la personne a vécu comme un traumatisme.

Nous avons aussi beaucoup de situations avec des pertes de connaissance qui ressemblent, à s'y méprendre, à l'épilepsie. Mais on constate que c'est une épilepsie qui ne répond pas aux traitements antiépileptiques. Après des observations cliniques et examens approfondis sur les crises, on se rend compte que ce n'est pas vraiment l'épilepsie typique, mais une manifestation psychosomatique généralement exagérée ou déclenchée par un événement ou un indice de vécu traumatique, comme l'approche d'une date d'anniversaire ou des conversations dans la communauté liées à ce vécu, ou encore une situation de discrimination de la personne. On aborde évidemment ce type de manifestation dans le cadre d'un état de stress post-traumatique. On se rend compte que c'est seulement à ce moment-là que l'on commence à avoir des réponses.

De manière spécifique, chez les hommes, j'ai vu des manifestations atypiques d'impuissance sexuelle, mais aussi des manifestations du syndrome de Parkinson avec des tremblements, qui n'obéissent pas à la marche classique des tremblements parkinsoniens.

Nous avons enfin des cas de troubles de personnalité. En plus de la paranoïa observée au niveau communautaire, nous avons aussi des cas de toutes les personnalités pratiquement hystériques et borderline, avec des conduites à risque très violentes, notamment chez les jeunes. Ce sont des cas que l'on ne voyait pas vraiment avant tous ces événements.

Chez les femmes, on retrouve des plaintes par rapport à des lésions, à des infections uro-génitales, à des algies pelviennes chroniques, à des douleurs au niveau du bassin. Des plaintes interminables qui résistent à tout ce qu'on le connaît comme traitement dans le domaine. Et par la suite, en fouillant l'anamnèse, on se rend compte qu'il y a toute une histoire et quand on l'aborde, on commence à avoir des réponses. On retrouve aussi chez les femmes des plaintes par rapport à des difficultés sexuelles, par rapport à des douleurs au niveau de l'estomac, mais aussi par rapport à des fatigues inexpliquées et des difficultés respiratoires exprimées sous forme d'essoufflement.

Voilà le tableau psychosomatique que je peux dresser sur la base de notre pratique clinique, sans bien sûr oublier les cas de dépressions qui sont relativement fréquents ou encore les cas d'hypertension artérielle, que l'on retrouve surtout chez les hommes victimes directes ou indirectes de viols et violences sexuelles.

Sans vouloir être cynique, je dirai que les victimes, au Congo, peuvent offrir à ceux qui apprennent la psychiatrie tous les tableaux classiques que l'on présente généralement dans les livres. Si on veut aborder la question des victimes des traumatismes de guerre, il ne faut pas y aller en cherchant un tableau classique de l'état de stress post-traumatique, comme le font souvent certaines organisations.

"Si je me réfère aux cas que j'ai reçus en tant que psychiatre, je peux dire, en tout cas, que j'ai vu toutes les manifestations que l'on décrit dans les manuels de psychiatrie. Même au-delà, de notre tableau classique.

Le docteur en psychologie, Parfait Akana, de Muntu Institute au Cameroun, estime que la folie, dans nos sociétés africaines postcoloniales, révèle une sorte d'absence de soucis des autres, et notamment des classes et catégories sociales les plus vulnérables... Quel sens, cette analyse, fait-il pour le cas du Congo-Kinshasa aujourd'hui?

L'absence de soucis des autres peut-être pris dans les deux sens. La victime subit, d'un côté, la violence des événements qui lui tombent dessus, et de l'autre côté, elle ne reçoit pas la reconnaissance de son état de victime par la société, par contre elle est stigmatisée. Et le fait que la victime se sente mis à l'écart, elle s'interroge sur son appartenance à la commune humanité. La société peut fausser ou aggraver ses manifestations psychiatriques par la discrimination ou l'exclusion sociale.

Ensuite, ce vécu d'exclusion peut venir de la victime elle-même, qui s'auto-exclut par le fait qu'elle estime que ce qu'elle a vécu est hors de ce qu'elle pouvait attendre de la communauté à laquelle elle avait tout à fait confiance. Lorsque cette personne vit cette violence extrême, elle perd tout ce qu'elle avait comme confiance en l'humanité et en sa communauté et s'interroge sur son appartenance à cette dernière, à défaut, elle se culpabilise, elle finit par penser que le problème c'est elle, pour au final s'auto-exclure.

Le psychiatre Jean Furtos a développé une théorie sur le syndrome d'auto-exclusion qui ressemble, à s'y méprendre à ce que l'on considère, dans la psychiatrie occidentale, comme des signes appartenant à la schizophrénie. Une schizophrénie dans laquelle la dissociation schizophrénique est manifeste non pas par la maladie de la schizophrénie classique mais par le fait de vivre dans une certaine auto-exclusion. La personne manifestant une certaine insensibilité que l'on pourrait qualifier d'indifférence au niveau affectif.

« L'absence de soucis des autres » nous interpelle, en tant que soignants. Parce que la solution peut, parfois, venir de l'intégration sociale. Elle n'est pas toujours dans la médicalisation ou la pathologisation au sens psychiatrique.

C'est l'acceptation de l'autre et le fait d'amener l'autre à accepter de continuer de vivre dans la communauté qui peuvent apporter des solutions à ces manifestations post-traumatiques.

Les médias notent une augmentation des suicides actifs dans la région. Vous distinguez, de votre côté deux types de suicide, le suicide actif et le suicide passif. Pourriez-vous, dans un premier temps, définir chacune des notions, et dans un deuxième temps, nous expliquer ce que ces suicides signifient dans nos sociétés et disent sur nous?

Il y a suicide actif, quand une personne, de manière tout à fait active, met fin à sa vie. Le suicide est dit actif, parce que la personne décide, planifie et exécute son acte. Ici, généralement, le suicide actif se fait par pendaison, mais il y a aussi des cas d'empoisonnements, souvent par l'ingestion des médicaments.

Dans le cas du suicide passif, la personne renonce à ce qui peut la maintenir en vie. Comment cela se manifeste ? Ici, la personne refuse de s'alimenter, ou refuse de se faire soigner alors qu'elle se sait malade, et gravement, ou néglige son hygiène, l'exposition aux risques (enrôlement dans des groupes armés, conduites sexuelles à risque, consommation excessives des substances diverses, ...).

Le suicide actif, du fait de la religion ou de la dimension spirituelle des populations, est très mal vu culturellement. Parce que les populations sont convaincues, qu'en se donnant directement la mort, elles vont rater ciel.

Le suicide est signe de malédiction et peut attirer le malheur pour la famille. Ces croyances sont tellement ancrées dans l'inconscient que les gens préfèrent opter pour le suicide passif.

C'est d'ailleurs, très récemment que nous voyons des gens passer à l'acte. Et encore, même si nous n'avons pas d'études très poussées sur ces cas, il s'agit souvent de gens qui ont accès à la culture occidentale, à travers les films et la télé surtout.

LE MEILLEUR PEUT NAÎTRE DE LA SOUFFRANCE LA PLUS TERRIBLE

Selon le neuropsychiatre français Boris Cyrulnik : «Donner un sens à une épreuve tragique c'est mettre dans son âme une étoile du berger qui indique la direction.» Qu'en dites-vous au regard des personnes que vous avez eu à soigner au Congo ?

Cette affirmation de Boris Cyrulnik nous rappelle que dans un vécu traumatique, ce qui est à la base de tout, c'est la perte de sens. Nous l'avions déjà évoqué d'une certaine manière avec les cas des personnes qui ne croyaient plus en la commune humanité ou s'en sentaient exclues. Alors la thérapie ou les soins, pour qu'ils soient vraiment opérationnels et efficaces vont consister à aider la personne à retrouver le sens, à retrouver la confiance en la vie et en l'humanité.

La folie, c'est en fait la perte du sens de la réalité. Evidemment, Cyrulnik a une conception de la psychose comme étant le produit d'une perte de la réalité. La perte de la réalité étant la perte de sens. Et la personne affectée s'efforce de retrouver le sens mais sans aide, souvent, elle va donner un sens aberrant à tous les événements qui se produisent. C'est ainsi que nous dirons que cette personne délire. Et on dit d'une personne qu'elle délire lorsque le sens qu'elle donne aux faits n'est pas partagé par l'ensemble des membres de sa communauté. Et parce que cette personne sera considérée comme folle, elle sera marginalisée.

La thérapie, dans ce contexte, va consister à aider la personne à retrouver du sens. J'insiste sur le fait que c'est la personne, elle-même qui doit retrouver le sens. Le thérapeute n'est qu'un accompagnateur dans cette quête. Quand Cyrulnik parle de « l'étoile du berger qui indique la direction », il s'agit de retrouver le sens, de retrouver une lumière qui va pouvoir orienter notre vie ou nous mettre sur la bonne voie.

Sur la base de votre expérience au Congo, avez-vous un ou des exemples qui valideraient la notion que le meilleur peut naître de la souffrance la plus terrible ?

Nous avons effectivement dressé un tableau de la situation mentale qui parait sombre. Mais nous avons vu aussi, et nous n'y avions peut-être pas apporté l'attention nécessaire d'ailleurs, des personnes qui sont parvenues à transformer leurs vies, de façon socialement acceptable, après avoir vécu des événements traumatiques. Personnellement, j'ai vu des victimes devenir des soignants par exemple.

Le meilleur peut naître de la souffrance la plus terrible grâce, notamment, à la pratique de la pair-aidance. La pair-aidance permet à une personne, ayant vécu le pire des événements, de pouvoir s'adonner à aider les autres qui vivent aussi ces événements-là. Cela veut dire que la personne fait de son trauma quelque chose de positif au lieu de le subir. Je tiens à féliciter le Dr Mukwege, qui n'a pas hésité à accorder à des victimes les possibilités de se former et certaines ont fait le choix devenir infirmières, par exemple. Le Dr Mukwege a également développé dans la région des formations qui permettent à des victimes de passer de leur état de victime à l'état de personnes qui apportent une contribution substantielle dans la société. D'ailleurs, j'ai constaté que parmi les leaders féminins, notamment dans les organisations de défense des droits humains aujourd'hui, il y avait parfois des anciennes victimes.

Nous voyons aussi, et cela concerne davantage les victimes indirectes, des personnes qui ont décidé, du jour au lendemain, de partir vers d'autres horizons et qui se sont battues pour survivre là où elles se sont retrouvées. Certaines ont amélioré leur situation financière, d'autres s'épanouissent dans tel ou tel métier, d'autres encore ont réussi leurs études, quand bien même, elles vivraient un peu renfermées sur elles-mêmes. La pratique de l'art, notamment, chez nous surtout la musique, est aussi celle dans laquelle excellent des victimes qui s'en sortent.

Dans un contexte chaotique comme l'est le Congo depuis au moins deux décennies, quels sont les lieux de la sécurité et du sens ainsi que les ressources culturelles, par le biais desquels les populations pourraient y trouver une nouvelle direction de vie à prendre ?

Malheureusement, je dois dire que ces ressources n'existent presque pas. Et si nous en avions, ceux qui ont pensé cette guerre ont pris le soin de détruire toutes les ressources sociales dont nous disposions en même temps qu'ils détruisaient la femme et l'homme congolais. Comme je le soulignais auparavant, tous les leaders, ceux qui avaient une certaine aura dans nos communautés, ceux qui représentaient une certaine autorité, ont été exterminés. Des leaders religieux, des chefs coutumiers ont été massacrés et humiliés devant leurs populations.

A Mwenga, dans le Sud-Kivu, par exemple, il y a eu toute une politique manifeste qui consistait à insécuriser et déplacer les gardiens de la culture (*bami*) hors de leur milieu. Alors que ce qui fait la valeur de leur leadership, c'est aussi leur présence dans leur milieu qu'ils maitrisent. Il y en a qui disent même que quand un Mwami traverse la rivière ou la frontière, il perd son pouvoir et son autorité.

Alors, les quelques structures qui sont là, sont à compter sur le bout des doigts. Je peux citer notamment la Cité de la joie, qui accueille les femmes victimes pour les soigner et les former à quelque chose pour qu'elles trouvent un sens, une certaine direction dans leurs vies.

Enfin, je peux dire que le facteur chance a aussi son importance. Certaines victimes ont pu avoir la chance d'être recueillies dans des familles qui les ont accepté malgré tout ce qui s'était passé et parce qu'aussi, ces familles en avaient la possibilité, et que ces familles avaient, elles aussi, survécu. Et les victimes qui ont eu la chance d'être intégrées dans leurs familles, ont eu plus de chance de pouvoir se reconstruire. C'est aussi une question de chance d'être originaires de milieux ou d'endroits où les églises, qui jouent le rôle d'amortisseurs efficaces des chocs et des traumatismes, existent et travaillent convenablement.

Mais à vrai dire, si je regarde l'étendue de notre pays, les structures, bien organisées et en réponse à cette problématique, sont assurément les parents pauvres de toute la politique congolaise jusqu'à ce jour.

> Ceux qui ont pensé cette guerre ont pris le soin de détruire toutes les ressources sociales dont nous disposions en même temps qu'ils détruisaient la femme et l'homme congolais. Tous les leaders, ceux qui avaient une certaine aura dans nos communautés, ceux qui représentaient une certaine autorité, ont été exterminés.

Ce que j'aimerais souligner, c'est qu'au moment le plus fort de la guerre, nous avons reçu de l'aide au niveau international. Mais ce sont des aides qui, malheureusement, ne se sont pas inscrites dans une logique d'aide qui puisse être efficace. Parce qu'elles sont intervenues dans une logique d'urgence. Or, tout ce qui est lié à la reconstruction de la personne demande du temps. Et toutes ces organisations internationales qui venaient travailler dans une logique d'urgence avaient des projets de 3 à 6 mois, au maximum une année. Au bout d'une année, c'est peut-être qu'à ce moment-là seulement que la personne commence à se retrouver, encore que la guerre qui continuait ne permettait pas que les personnes parviennent à s'autonomiser et à évoluer d'elles-mêmes.

Tant et si bien que c'est nous, sur place, qui récoltions les conséquences de toutes ces aides apportées de manière parfois inutiles et inadéquates.

CE QUI MANQUE AUX CONGOLAIS RELÈVE DE LA DIMENSION MENTALE

Sur ces dix dernières années, quel regard portez-vous des politiques publiques de prise en charge des malades mentaux au Congo ?

Les politiques publiques autour de la prise en charge des malades mentaux n'existent pas au Congo. D'ailleurs, il n'y a pas de politique du tout dans ce pays. Nous avons l'impression de vivre dans un pays qui n'existe pas. Ce n'est que dans l'imaginaire collectif que nous pensons être dans un pays. Je le répète encore une fois, la guerre a pris soin de détruire l'Etat. Aujourd'hui, il n'y a plus d'Etat au Congo. Nous avons quelques personnes qui sont là et qui s'attachent davantage à gérer leur survie politique et à faire de la politique politicienne. Mais ils n'ont aucune idéologie, aucune vision, aucun plan allant dans le sens du bien-être des populations.

On a l'impression que la réflexion est totalement bannie dans ce pays. Les gens vivent au jour le jour. Ils réagissent à des événements au lieu de les discuter, les planifier ou de les anticiper. Alors, on se demande s'il ne faudrait pas que des congolais qui vivent à l'extérieur du pays, notre diaspora, viennent en masse nous aider à regarder les choses autrement ici. Parce que nous avons vraiment l'impression que les gens qui sont sur place ici, au Congo, sont complètement bloqués dès lors qu'il s'agit de la réflexion, ou de la planification, ou de tout ce qui a trait au bien-être collectif.

Prenons l'exemple de la question des sanitaires dans le Sud-Kivu. Si vous approchez les autorités sanitaires et leur faites des propositions, vous vous retrouvez souvent confrontés à une certaine résistance. Et ces autorités vous répondront qu'ils attendent les informations de Kinshasa sur les normes et les procédures à suivre. Alors que la constitution donne la compétence aux provinces pour élaborer des politiques de santé, des politiques d'éducation, etc.

Tout cela fait que nous nous retrouvons en déphasage avec les réalités. Nous poursuivons une « politique » de santé primaire, élaborée sur le principe que nous avions trop peu de ressources humaines en matière de santé en général. Malgré le fait que ces ressources ont été améliorées, nous continuons à fonctionner avec des directives de l'époque où nous n'avions pas ces ressources. C'est comme cela que nous avons des jeunes, qui après avoir achevé leurs études, sont au chômage, pendant que la population manque de soignants. Tout cela, parce que nous fonctionnons sur la base de principes et de règles dépassées que personne n'ose changer ou transformer.

Mon constat est assez sévère, mais l'une des choses qui nous manque et qui aggrave la situation des victimes, c'est vraiment le fait que l'Etat n'existe pas. L'Etat et le pouvoir politique sont à refonder au Congo. Cela doit être l'une des priorités. Parce que, de l'Etat et du pouvoir politique, dépend l'avancée de beaucoup de choses.

Si l'Etat est aux abonnés absents, il reste nos cultures. Et dans vos travaux de recherche, vous avez soulevé l'importance de la culture dans la psychopathologie du trauma. Comment la culture pourrait-elle être une aide pour les populations?

La question de la culture demeure complexe. Parce que

nous n'avons pas su trouver une harmonie entre ce qui appartient à nos cultures, dites traditionnelles, avec ce qui est venu de l'Occident, et qui est présenté comme la modernité. Je reste persuadé qu'il y a moyen de mettre en dialogue les cultures. Il revient aux politiques d'y travailler.

Cela dit. La culture pourrait être une aide dans la mesure où elle donne du sens aux événements vécus. Mais nous devons savoir qu'aujourd'hui, avec ce que nous vivons, nous sommes une société un peu prise en tenailles. L'Occident est venu avec cette idée de changer nos cultures, de nous faire abandonner nos cultures traditionnelles pour épouser ou adopter la culture occidentale, de manière plus ou moins contraignante. Mais nous n'arrivons pas à être totalement dans la culture occidentale. Or, la guerre est venue presque achevée nos cultures traditionnelles. Nous nous retrouvons donc dans une sorte d'entre-deux.

L'histoire de Loth dans la Bible est une parabole pour nous dire qu'il est possible de continuer à vivre à condition de ne pas se retourner sur son passé. Dans quelle mesure un temps de déni des réalités est tout acceptable et respectable pour les personnes qui ont subi un trauma ?

L'histoire de Loth, telle que je la comprends, c'est qu'on lui a donné l'ordre d'avancer sans regarder derrière, et le fait de regarder en arrière le transformerait en colonne de sel. Cette histoire, en elle-même, fait d'une certaine manière, référence au trauma. Parce que le trauma nous empêche d'avancer et nous garde prisonnier de cette mémoire-là. Comment ne pas rester prisonnier ou prisonnière de son trauma ? On y parvient effectivement, en évitant de revenir sur le vécu traumatique.

Notre travail, en tant que professionnel du soin, mais surtout en tant qu'être humain, est de pouvoir assister les générations qui viennent, ceux qui souffrent dans la communauté pour qu'ils puissent avancer. Cela veut dire que nous devons - non pas dire aux gens de ne pas regarder derrière parce que de toute façon cela ne les empêcherait pas de le faire – mettre devant les personnes quelque chose qui ne leur donne pas l'opportunité de regarder derrière. Nous devons pouvoir les inviter à regarder toujours devant et à avancer.

Voilà pourquoi nous avons besoin de véritables politiques qui stimulent, qui motivent les gens pour qu'ils puissent avancer dans la vie. Nous avons aussi besoin de politiques qui rendent justice. Parce que la justice permet à la personne de sentir reconnue dans ce qu'elle a vécu et de bénéficier d'une certaine réparation.

Comment une meilleure santé mentale pourrait-elle contribuer à reconstruire un Congo et des congolais plus résilient ?

Je voudrais d'abord dire ceci. Il y a un manque criant de personnes formées en santé mentale dans le pays. A Kinshasa, on peut en trouver quelques-unes, encore que c'est trop peu par rapport à la population de cette mégapole de plus ou moins de 15 millions d'habitants. Mais dans le reste du pays, il n'y a presque rien. Ici, dans le Sud Kivu, où nous sommes un peu plus de 6 millions d'habitants, sur une si vaste zone, sans infrastructures de communication, nous ne pouvons aider que les quelques personnes qui se retrouvent dans la ville de Bukavu. Les victimes, sur les autres territoires de la région, sont abandonnées à elles-mêmes. Et nous commençons à le savoir, il s'agit souvent de victimes qui sont restées dans un état de sidération.

Tout cela a des conséquences sur l'économie de la région. Je connais les villages d'où venait toute la production agricole qui permettait de nourrir la ville de Bukavu. Aujourd'hui, c'est la ville qui commence à nourrir ces villages-là. Nous avons l'impression que ces gens sont tétanisés et ne savent plus rien produire. Ils n'osent plus aller aux champs. Ils n'osent plus faire de l'élevage. Ce qu'ils ont vécu et les conséquences de ce qu'ils ont vécu conduisent d'une certaine manière à leur paralysie. Paralysées, ces personnes ne parviennent plus à répondre à leurs besoins essentiels, elles s'en trouvent alors enfermées dans des situations de souffrance psychique sans nom. Tout cela crée un cercle vicieux autour du vécu traumatique.

Alors oui, une bonne santé mentale est essentielle pour le pays. On le voit, on le sent. Ce qui manque aux congolais relève de la dimension mentale. Ces temps de réflexion et de planification, ces temps accordés à penser au bien-être collectif manquent aux congolais.

N'oublions pas qu'une bonne santé mentale se manifeste par la capacité des individus à faire face au stress de la vie quotidienne. Or, nous avons l'impression que les congolais ne sont pas encore parvenus à trouver des solutions, du moins à imaginer des réponses adéquates pour dépasser les défis qu'ils rencontrent.

Les capacités de pouvoir développer des politiques, les capacités d'adaptabilité ou de créativité supposent et impliquent que l'on soit on bonne santé mentale. Voilà pourquoi nous osons dire avec force et détermination que l'avenir du Congo dépend évidemment de la bonne santé mentale de ses habitants.

TABLE

AVANT-PROPOS	9
La grenouille chauffée, les congolais & la guerre permanente	
ACHILLE BAPOLISI: AIDER À SOIGNER LA SOCIÉTÉ	13
Le blessé soignant	16
Comprendre le trauma collectif	20
Mettre les mots sur les maux	24
La portée thérapeutique du Mapping	27
ERIC KWAKYA : PASSER DE LA SURVIVANCE À LA VIE	30
La psychiatrie au Congo, c'est comme un sacerdoce	32
La guerre a détruit le garant du bien-être de la population, l'Etat	37
Le Sud-Kivu, un cas d'école en psychopathologie	49
Le meilleur peut naître de la souffrance la plus terrible	55
Ce qui manque aux Congolais relève de la dimension mentale	59
A PROPOS DE LIKAMBO YA MABELE	69
Le mouvement	69
Le programme en 14 points	70

DU MÊME EDITEUR

Jean-Pierre Mbelu, *A quand le Congo ? (Réflexions & propositions pour une renaissance panafricaine)*, Paris, Congo Lobi Lelo, 2016.

Jean-Pierre Mbelu, *#Ingeta (Dictionnaire citoyen pour une insurrection des consciences)*, Paris, Congo Lobi Lelo, 2017.

Jean-Pierre Mbelu, *Demain, après Kabila (Remettre les cerveaux à l'endroit. Reconquérir notre dignité et nos terres. Réinventer le Congo-Kinshasa)*, Paris, Congo Lobi Lelo, 2018.

Mufoncol Tshiyoyo, *L'heure de nous-mêmes a sonné (Messages à la base congolaise et africaine)*, Paris, Congo Lobi Lelo, 2019.

Bwemba Bong/Souleymane Bachir Ndiagne, *Pour nous reconstruire et redevenir nous-mêmes/Pour redonner du sens à la tradition*, Paris, Congo Lobi Lelo, 2019.

Thinking Africa, *Conversations Africaines* (Sur la paix, la démocratie & le panafricanisme), Paris, Congo Lobi Lelo, 2020.

Jean-Pierre Mbelu, *C'est ça Lumumba* (Partager, poursuivre et soutenir le combat pour la dignité, la justice et l'émancipation), Paris, Congo Lobi Lelo, 2020.

LIKAMBO YA MABELE

1. Le mouvement :

Likambo Ya Mabele est un mouvement civico-écologique initié par des congolais. Mouvement de rassemblement congolais, il se charge de la tâche, imposée par l'histoire, d'organiser les masses populaires congolaises autour de leurs propres intérêts et de leur offrir les moyens techniques et stratégiques pour défendre ces intérêts face au pouvoir en place et aux pouvoirs occultes qui interviennent dans la gestion du pays à partir de l'extérieur.

En tant que mouvement pour mobiliser la population congolaise en vue du changement structurel de la société ainsi que du système politique et économique sur place, et organisateur du Contre-pouvoir Congolais, Likambo Ya Mabele est appelé à réaliser des programmes d'activités de grande envergure concernant tous les secteurs civils et sécuritaires de la nation congolaise et des diasporas congolais.

Plus d'informations sur www.likayama.org

2. **Le programme en 14 points**

CE QUE NOUS VOULONS :

Nous voulons assurer la survie de la population congolaise
C'est la priorité des priorités. Nous devons préserver, sauvegarder et défendre la vie. Nous voulons assurer la survie de la population congolaise à travers la reproduction des ressources matérielles ;

Nous voulons assurer le bien-être de toutes les tranches de la population congolaise
Nous voulons assurer le maintien d'un ordre légal, social et politique permettant à toutes les tranches de la population de consacrer leurs énergies à la reproduction matérielle et à l'évolution culturelle de leur société au lieu de les consacrer au combat de la survie sous des conditions du chaos ;

Nous voulons assurer la sécurité à nos populations
Nous voulons assurer à nos populations la sécurité face aux menaces à l'intégrité territoriale et à la souveraineté nationale, provenant de l'extérieur du pays.

Nous voulons changer la manière dont nous voyons le Congo, les congolais et le monde
Nous voulons changer le paradigme conventionnel, imposé aux Congolais et à l'opinion publique mondiale moyennant le discours hégémonique du pouvoir. Tout comme le paradigme dominant a été utilisé pour faire avancer les intérêts du pouvoir dans le contexte congolais, notre paradigme alternatif aidera les forces du changement au Congo à construire le contrepouvoir, une exigence de l'évolution politique de ce pays qui a été trop longtemps négligée par les congolais.

Nous voulons satisfaire les besoins matériels et idéels des congolais
Nous cherchons à construire systématiquement les forces de la résilience des populations congolaises et de travailler avec elles à créer leurs moyens d'organisation et d'actions. Au lieu de prôner une approche sacrificielle des masses pour leur mouvement, nous

voulons qu'elles s'en approprient afin d'en faire le creuset pour la satisfaction de leurs besoins matériels et idéels.

Nous voulons faire du Congo-Kinshasa un pays souverain et panafricain au cœur de l'Afrique
« Nous allons montrer au monde ce que peut faire l'Homme noir quand il travaille dans la liberté et Nous allons faire du Congo le centre du rayonnement de l'Afrique tout entière. » Comme nous l'a indiqué Patrice Emery Lumumba.

CE QUE NOUS NOUS ENGAGEONS A FAIRE :

Nous nous engageons à constituer un contre-pouvoir
Nous allons au-delà de l'observation et l'interprétation des événements de l'actualité dans et autour de ce pays : Nous constituons un mouvement à orientation sociopolitique et économique visant à créer un contrepouvoir.

Nous nous engageons à organiser nos populations autour de leurs propres intérêts
Nous nous engageons à travailler avec les masses populaires autour de leurs propres intérêts et à créer avec elles les moyens techniques et stratégiques pour défendre leurs intérêts face aux sous-traitants du pouvoir de l'argent et aux autres pouvoir occultes qui interviennent dans la gestion du pays de l'extérieur.

Nous nous engageons à réaliser des programmes d'activités de grande envergure concernant tous les secteurs civils et sécuritaires
Nous nous engageons à réaliser des programmes d'activités de grande envergure concernant tous les secteurs civils et sécuritaires de la nation congolaise ainsi qu'au niveau de l'étranger pour mobiliser la population congolaise en vue du changement structurel de la société ainsi que du système politique et économique sur place.

Nous nous engageons à développer un réseau fonctionnel congolais à travers le monde
Nous nous engageons à développer un réseau fonctionnel des acteurs stratégiques en vue d'atteindre les acteurs de base au niveau de la

population de la RD Congo ainsi que des congolais et congolaises de la diaspora pour obtenir leur participation sans réserve au mouvement ;

Nous nous engageons à créer les moyens de nos fins et combats
Nous nous engageons à créer, générer et collecter des sources de revenus propres aux structures organisationnelles du mouvement ainsi que pour les structures de base au niveau de la population ;

CE SUR QUOI NOUS MISONS :

Nous misons sur la réappropriation, par les congolais, de leur terre-mère
Nous misons sur la réappropriation, par les congolais, de leur terre-mère. La «terre-mère» est un héritage reçu des ancêtres et de «Nzambe». Il est à conserver et à protéger. Nous devons entretenir sa biodiversité pour que la vie en bénéficie.

Nous misons sur le principe de l'unité
Nous misons sur le principe de l'unité : c'est-à-dire sur l'adhésion aux stratégies d'action, élaborées sur base des débats participatifs, inclusifs et ayant aboutis aux conclusions consensuelles ; une fois entérinées, ces stratégies s'imposent à tous les acteurs en tant que programmes communs d'action prioritaire au-dessus des priorités individualistes et particulières ;

Nous misons sur le principe de la solidarité horizontale et verticale
Nous misons sur le principe de la solidarité horizontale et verticale. Ce principe se substituera au principe de la discipline hiérarchique en tant que principe basé sur des structures organisationnelles, construites dans le cas du contrepouvoir Congolais sous forme de cercles concentriques, avec des garde-fous empêchant la concentration du pouvoir dans les mains des animateurs du mouvement, et non à partir des mécanismes de commande hiérarchique.

ISBN : 978-2-9565630-7-5

Dépôt légal : Mai 2021

Web : Congolobilelo.com